화엄경 제54권(이세간품 38-2) 해설

앞의 제53권에서 연유된 보혜보살의 물음에 대한 답변이 연속됨. 여기에서는 10종 力持로부터 10종 무등지까지 여러 가지 법이 설해진다.

離(이)世(세)間(간)品(품) 第(제)三(삼)十(십)八(팔)之(지)二(이)

佛(불)子(자)菩(보)薩(살)摩(마)訶(하)薩(살)有(유)十(십)種(종)

大(대)欣(흔)慰(위)何(하)等(등)爲(위)十(십)所(소)謂(위)諸(제)菩(보)

薩(살)發(발)如(여)是(시)心(심)盡(진)未(미)來(래)世(세)所(소)有(유)

諸(제)佛(불)出(출)興(흥)于(우)世(세)我(아)當(당)皆(개)得(득)隨(수)

逐(축)承(승)事(사)令(영)生(생)歡(환)喜(희)如(여)是(시)思(사)惟(유)

心(심)大(대)欣(흔)慰(위)復(부)作(작)是(시)念(념)彼(피)諸(제)如(여)

已 이	受 수	誨 회	所 소	大 대	供 공	來 래
生 생	如 여	我 아	興 흥	欣 흔	具 구	出 출
現 현	說 설	法 법	供 공	慰 위	恭 공	興 흥
生 생	修 수	我 아	養 양	復 부	敬 경	于 우
當 당	行 행	悉 실	時 시	作 작	供 공	世 세
生 생	於 어	以 이	彼 피	是 시	養 양	我 아
如 여	菩 보	深 심	諸 제	念 념	如 여	當 당
是 시	薩 살	心 심	如 여	我 아	是 시	悉 실
思 사	地 지	恭 공	來 래	於 어	思 사	以 이
惟 유	必 필	敬 경	必 필	諸 제	惟 유	無 무
心 심	得 득	聽 청	示 시	佛 불	心 심	上 상

사경의 공덕은 십만억 부처님께 공양한 것과 같은 공덕이 있습니다.

大欣慰復作是念我當於不
대흔위부작시념아당어불

可說不可說劫行菩薩行常
가설불가설겁행보살행상

與一切諸佛菩薩而得共俱
여일체제불보살이득공구

如是思惟心大欣慰復作是
여시사유심대흔위부작시

念我於往昔未發無上大菩
념아어왕석미발무상대보

提心有諸怖畏所謂不活畏
리심유제포외소위불활외

惡名畏死畏墮惡道畏大衆
악명외사외타악도외대중

彼 피	無 무	作 작	能 능	怖 포	不 불	威 위
佛 불	上 상	是 시	壞 괴	一 일	驚 경	德 덕
所 소	菩 보	念 념	如 여	切 체	不 불	畏 외
修 수	提 리	我 아	是 시	衆 중	恐 공	自 자
菩 보	成 성	當 당	思 사	魔 마	不 불	一 일
薩 살	菩 보	令 령	惟 유	及 급	畏 외	發 발
行 행	提 리	一 일	心 심	諸 제	不 불	心 심
盡 진	已 이	切 체	大 대	外 외	懼 구	悉 실
其 기	我 아	衆 중	欣 흔	道 도	不 불	皆 개
形 형	當 당	生 생	慰 위	所 소	怯 겁	遠 원
壽 수	於 어	成 성	復 부	不 불	不 불	離 리

以(이)大(대)信(신)心(심)興(흥)所(소)應(응)供(공)佛(불)諸(제)供(공)
養(양)具(구)而(이)爲(위)供(공)養(양)及(급)涅(열)槃(반)後(후)各(각)
起(기)無(무)量(량)塔(탑)供(공)養(양)舍(사)利(리)及(급)受(수)持(지)
守(수)護(호)所(소)有(유)遺(유)法(법)如(여)是(시)思(사)惟(유)心(심)
大(대)欣(흔)慰(위)又(우)作(작)是(시)念(념)十(시)方(방)所(소)有(유)
一(일)切(체)世(세)界(계)我(아)當(당)悉(실)以(이)無(무)上(상)莊(장)
嚴(엄)而(이)莊(장)嚴(엄)之(지)皆(개)令(령)具(구)足(족)種(종)種(종)

煩 번	一 일	生 생	慰 위	普 보	神 신	奇 기
惱 뇌	切 체	疑 의	復 부	使 사	通 통	妙 묘
閉 폐	衆 중	惑 혹	作 작	周 주	力 력	平 평
一 일	生 생	淨 정	是 시	徧 변	住 주	等 등
切 체	心 심	一 일	念 념	如 여	持 지	淸 청
衆 중	意 의	切 체	我 아	是 시	震 진	淨 정
生 생	滅 멸	衆 중	當 당	思 사	動 동	復 부
惡 악	一 일	生 생	斷 단	惟 유	光 광	以 이
道 도	切 체	欲 욕	一 일	心 심	明 명	種 종
門 문	衆 중	樂 락	切 체	大 대	照 조	種 종
開 개	生 생	啓 계	衆 중	欣 흔	耀 요	大 대

一切衆生善趣門破一切衆
일체중생선취문파일체중

生黑暗與一切衆生光明令
생흑암여일체중생광명영

一切衆生離衆魔業使一切
일체중생이중마업사일체

衆生至安隱處如是思惟心
중생지안은처여시사유심

大欣慰菩薩摩訶薩復作是
대흔위보살마하살부작시

念諸佛如來如優曇華難可
념제불여래여우담화난가

値遇於無量劫莫能一見我
치우어무량겁막능일견아

當於未來世欲見如來則便
당 어 미 래 세 욕 견 여 래 즉 편

得見諸佛如來常不捨我恒
득 견 제 불 여 래 상 불 사 아 항

住我所令我得見爲我說法
주 아 소 영 아 득 견 위 아 설 법

無有斷絶旣聞法已心意淸
무 유 단 절 기 문 법 이 심 의 청

淨遠離諂曲質直無僞於念
정 원 리 첨 곡 질 직 무 위 어 염

念中常見諸佛如是思惟心
념 중 상 견 제 불 여 시 사 유 심

大欣慰復作是念我於未來
대 흔 위 부 작 시 념 아 어 미 래

사경의 공덕은 십만억 부처님께 공양한 것과 같은 공덕이 있습니다.

當得成佛以佛神力於一切
당득성불이불신력어일체

世界爲一切衆生各別示現
세계위일체중생각별시현

成等正覺淸淨無畏大師子
성등정각청정무외대사자

吼以本大願周徧法界擊大
후이본대원주변법계격대

法鼓雨大法雨作大法施於
법고우대법우작대법시어

無量劫常演正法大悲所持
무량겁상연정법대비소지

身語意業無有疲厭如是思
신어의업무유피염여시사

惟心大欣慰佛子是爲菩薩
유심대흔위불자시위보살

摩訶薩十種大欣慰若諸菩
마하살십종대흔위약제보

薩安住此法則得無上成正
살안주차법즉득무상성정

覺智慧大欣慰
각지혜대흔위

佛子菩薩摩訶薩有十種
불자보살마하살유십종

深入佛法何等爲十所謂入
심입불법하등위십소위입

過去世一切世界入未來世
과거세일체세계입미래세

方 방	未 미	種 종	生 생	一 일	世 세	一 일
虛 허	來 래	行 행	種 종	切 체	界 계	切 체
空 공	一 일	知 지	種 종	世 세	行 행	世 세
法 법	切 체	過 과	業 업	界 계	世 세	界 계
界 계	佛 불	去 거	報 보	種 종	界 계	入 입
等 등	次 차	一 일	入 입	種 종	說 설	現 현
一 일	第 제	切 체	一 일	性 성	世 세	在 재
切 체	知 지	佛 불	切 체	入 입	界 계	世 세
諸 제	現 현	次 차	菩 보	一 일	清 청	世 세
佛 불	在 재	第 제	薩 살	切 체	淨 정	界 계
國 국	十 시	知 지	種 종	衆 중	入 입	數 수

於 어	若 약	如 여	種 종	法 법	聲 성	土 토
阿 아	諸 제	其 기	種 종	雖 수	聞 문	衆 중
耨 뇩	菩 보	法 법	法 법	知 지	法 법	會 회
多 다	薩 살	說 설	悉 실	諸 제	獨 독	說 설
羅 라	安 안	無 무	入 입	法 법	覺 각	法 법
三 삼	住 주	所 소	法 법	皆 개	法 법	調 조
藐 먁	此 차	取 취	界 계	無 무	菩 보	伏 복
三 삼	法 법	着 착	無 무	分 분	薩 살	知 지
菩 보	則 즉	是 시	所 소	別 별	法 법	世 세
提 리	得 득	爲 위	入 입	而 이	如 여	間 간
大 대	入 입	十 십	故 고	說 설	來 래	法 법

사경의 공덕은 십만억 부처님께 공양한 것과 같은 공덕이 있습니다.

智慧甚深性
지혜심심성

佛子菩薩摩訶薩有十種
불자보살마하살유십종

依止菩薩依此行菩薩行何
의지보살의차행보살행하

等爲十所謂依止供養一切
등위십소위의지공양일체

諸佛行菩薩行依止調伏一
제불행보살행의지조복일

切衆生行菩薩行依止親近
체중생행보살행의지친근

一切善友行菩薩行依止積
일체선우행보살행의지적

行 행	行 행	薩 살	依 의	止 지	嚴 엄	集 집
菩 보	菩 보	行 행	止 지	不 불	淨 정	一 일
薩 살	薩 살	依 의	深 심	捨 사	一 일	切 체
行 행	行 행	止 지	入 입	一 일	切 체	善 선
依 의	依 의	滿 만	一 일	切 체	佛 불	根 근
止 지	止 지	足 족	切 체	衆 중	土 토	行 행
一 일	無 무	一 일	波 바	生 생	行 행	菩 보
切 체	量 량	切 체	羅 라	行 행	菩 보	薩 살
佛 불	菩 보	菩 보	蜜 밀	菩 보	薩 살	行 행
菩 보	提 리	薩 살	行 행	薩 살	行 행	依 의
提 리	心 심	願 원	菩 보	行 행	依 의	止 지

伏 복	滅 멸	一 일	發 발		行 행	行 행
一 일	後 후	切 체	無 무	佛 불	菩 보	菩 보
切 체	護 호	障 장	畏 외	子 자	薩 살	薩 살
魔 마	持 지	礙 애	心 심	菩 보	行 행	行 행
發 발	正 정	業 업	何 하	薩 살		是 시
無 무	法 법	發 발	等 등	摩 마		爲 위
畏 외	發 발	無 무	爲 위	訶 하		十 십
心 심	無 무	畏 외	十 십	薩 살		菩 보
不 불	畏 외	心 심	所 소	有 유		薩 살
惜 석	心 심	於 어	謂 위	十 십		依 의
身 신	降 항	佛 불	滅 멸	種 종		此 차

無 무	迦 가	切 체	皆 개	歡 환	邪 사	命 명
畏 외	樓 루	天 천	悉 실	喜 희	論 론	發 발
心 심	羅 라	龍 룡	歡 환	發 발	發 발	無 무
離 이	緊 긴	夜 야	喜 희	無 무	無 무	畏 외
二 이	那 나	叉 차	發 발	畏 외	畏 외	心 심
乘 승	羅 라	乾 건	無 무	心 심	心 심	摧 최
地 지	摩 마	闥 달	畏 외	令 영	令 영	破 파
入 입	睺 후	婆 바	心 심	一 일	一 일	一 일
甚 심	羅 라	阿 아	調 조	切 체	切 체	切 체
深 심	伽 가	修 수	伏 복	衆 중	衆 중	外 외
法 법	發 발	羅 라	一 일	會 회	生 생	道 도

사경의 공덕은 십만억 부처님께 공양한 것과 같은 공덕이 있습니다.

發無畏心於不可說不可說劫行菩薩行心無疲厭發無畏心是爲十若諸菩薩安住此法則得如來無上大智無所畏心

佛子菩薩摩訶薩發十種無疑心於一切佛法心無疑

惑何等爲十所謂菩薩摩訶 (혹하등위십소위보살마하)

薩發如是心我當以布施攝 (살발여시심아당이보시섭)

一切衆生以戒忍精進禪定 (일체중생이계인정진선정)

智慧慈悲喜捨攝一切衆生 (지혜자비희사섭일체중생)

發此心時決定無疑若生疑 (발차심시결정무의약생의)

心無有是處是爲第一發無 (심무유시처시위제일발무)

疑心菩薩摩訶薩又作是念 (의심보살마하살우작시념)

사경의 공덕은 십만억 부처님께 공양한 것과 같은 공덕이 있습니다.

界 계	妙 묘	薩 살	爲 위	無 무	切 체	未 미
發 발	光 광	又 우	第 제	疑 의	承 승	來 래
此 차	明 명	作 작	二 이	若 약	事 사	諸 제
心 심	網 망	是 시	發 발	生 생	供 공	佛 불
時 시	周 주	念 념	無 무	疑 의	養 양	出 출
決 결	徧 변	我 아	疑 의	心 심	發 발	興 흥
定 정	莊 장	當 당	心 심	無 무	此 차	于 우
無 무	嚴 엄	以 이	菩 보	有 유	心 심	世 세
疑 의	一 일	種 종	薩 살	是 시	時 시	我 아
若 약	切 체	種 종	摩 마	處 처	決 결	當 당
生 생	世 세	奇 기	訶 하	是 시	定 정	一 일

사경의 공덕은 십만억 부처님께 공양한 것과 같은 공덕이 있습니다.

究 구	說 설	不 불	無 무	念 념	無 무	疑 의
竟 경	不 불	可 가	數 수	我 아	疑 의	心 심
法 법	可 가	稱 칭	無 무	當 당	心 심	無 무
界 계	說 설	不 불	量 량	盡 진	菩 보	有 유
虛 허	不 불	可 가	無 무	未 미	薩 살	是 시
空 공	可 가	思 사	邊 변	來 래	摩 마	處 처
界 계	說 설	不 불	無 무	劫 겁	訶 하	是 시
一 일	過 과	可 가	等 등	修 수	薩 살	爲 위
切 체	諸 제	量 량	不 불	菩 보	又 우	第 제
衆 중	算 산	不 불	可 가	薩 살	作 작	三 삼
生 생	數 수	可 가	數 수	行 행	是 시	發 발

發 발	大 대	又 우	第 제	疑 의	而 이	我 아
此 차	誓 서	作 작	四 사	若 약	成 성	當 당
心 심	願 원	是 시	發 발	生 생	熟 숙	悉 실
時 시	具 구	念 념	無 무	疑 의	之 지	以 이
決 결	一 일	我 아	疑 의	心 심	發 발	無 무
定 정	切 체	當 당	心 심	無 무	此 차	上 상
無 무	智 지	修 수	菩 보	有 유	心 심	教 교
疑 의	安 안	菩 보	薩 살	是 시	時 시	化 화
若 약	住 주	薩 살	摩 마	處 처	決 결	調 조
生 생	其 기	行 행	訶 하	是 시	定 정	伏 복
疑 의	中 중	滿 만	薩 살	爲 위	無 무	法 법

心無有是處是爲第五發無
심무유시처시위제오발무

疑心菩薩摩訶薩又作是念
의심보살마하살우작시념

我當普爲一切世間行菩薩
아당보위일체세간행보살

行爲一切法淸淨光明照明
행위일체법청정광명조명

一切所有佛法發此心時決
일체소유불법발차심시결

定無疑若生疑心無有是處
정무의약생의심무유시처

是爲第六發無疑心菩薩摩
시위제륙발무의심보살마

訶薩又作是念我當知一切
하살우작시념아당지일체

法皆是佛法隨衆生心爲其
법개시불법수중생심위기

演說悉令開悟發生心時決
연설실령개오발생심시결

定無疑若生疑心無有是處
정무의약생의심무유시처

是爲第七發無疑心菩薩摩
시위제칠발무의심보살마

訶薩又作是念我當於一切
하살우작시념아당어일체

法得無障礙門知一切障礙
법득무장애문지일체장애

사경의 공덕은 십만억 부처님께 공양한 것과 같은 공덕이 있습니다.

不(불)可(가)得(득)故(고)其(기)心(심)如(여)是(시)無(무)有(유)疑(의)
惑(혹)住(주)眞(진)實(실)性(성)乃(내)至(지)成(성)於(어)阿(아)耨(뇩)
多(다)羅(라)三(삼)藐(먁)三(삼)菩(보)提(리)發(발)此(차)心(심)時(시)
決(결)定(정)無(무)疑(의)若(약)生(생)疑(의)心(심)無(무)有(유)是(시)
處(처)是(시)爲(위)第(제)八(팔)發(발)無(무)疑(의)心(심)菩(보)薩(살)
摩(마)訶(하)薩(살)又(우)作(작)是(시)念(념)我(아)當(당)知(지)一(일)
切(체)法(법)皆(개)是(시)出(출)世(세)間(간)法(법)遠(원)

離(리)一(일)切(체)妄(망)想(상)顛(전)倒(도)以(이)一(일)莊(장)嚴(엄)
而(이)自(자)莊(장)嚴(엄)而(이)無(무)所(소)莊(장)嚴(엄)於(어)此(차)
自(자)了(료)不(불)由(유)他(타)悟(오)發(발)此(차)心(심)時(시)決(결)
定(정)無(무)疑(의)若(약)生(생)疑(의)心(심)無(무)有(유)是(시)處(처)
是(시)爲(위)第(제)九(구)發(발)無(무)疑(의)心(심)菩(보)薩(살)摩(마)
訶(하)薩(살)又(우)作(작)是(시)念(념)我(아)當(당)於(어)一(일)切(체)
法(법)成(성)最(최)正(정)覺(각)離(이)一(일)切(체)妄(망)想(상)顛(전)

諸 제	是 시	時 시	住 주	究 구	若 약	倒 도
菩 보	處 처	決 결	不 불	竟 경	異 이	故 고
薩 살	是 시	定 정	可 가	無 무	不 불	得 득
安 안	爲 위	無 무	說 설	爲 위	可 가	一 일
住 주	第 제	疑 의	境 경	故 고	得 득	念 념
此 차	十 십	若 약	界 계	離 이	故 고	相 상
法 법	發 발	生 생	際 제	一 일	離 이	應 응
則 즉	無 무	疑 의	故 고	切 체	一 일	智 지
於 어	疑 의	心 심	發 발	言 언	切 체	故 고
一 일	心 심	無 무	此 차	說 설	數 수	若 약
切 체	若 약	有 유	心 심	故 고	故 고	一 일

佛法心無所疑
불법심무소의

佛子菩薩摩訶薩有十種
불자보살마하살유십종

不可思議何等爲十所謂一
불가사의하등위십소위일

切善根不可思議一切誓願
체선근불가사의일체서원

不可思議知一切法如幻不
불가사의지일체법여환불

可思議發菩提心修菩薩行
가사의발보리심수보살행

善根不失無所分別不可思
선근불실무소분별불가사

有 유	法 법	場 량	入 입	思 사	度 도	議 의
休 휴	輪 륜	降 항	胎 태	議 의	以 이	雖 수
息 식	入 입	伏 복	誕 탄	修 수	一 일	深 심
不 불	般 반	衆 중	生 생	菩 보	切 체	入 입
捨 사	涅 열	魔 마	出 출	薩 살	願 원	一 일
悲 비	槃 반	成 성	家 가	道 도	未 미	切 체
願 원	神 신	最 최	苦 고	而 이	成 성	法 법
救 구	變 변	正 정	行 행	示 시	滿 만	亦 역
護 호	自 자	覺 각	往 왕	現 현	故 고	不 불
衆 중	在 재	轉 전	詣 예	降 강	不 불	取 취
生 생	無 무	正 정	道 도	神 신	可 가	滅 멸

是 시	別 별	無 무	一 일	界 계	力 력	不 불
作 작	非 비	分 분	切 체	心 심	神 신	可 가
作 작	有 유	別 별	法 법	教 교	變 변	思 사
是 시	是 시	是 시	無 무	化 화	自 자	議 의
無 무	有 유	分 분	相 상	衆 중	在 재	雖 수
作 작	有 유	別 별	是 시	生 생	而 이	能 능
非 비	是 시	分 분	相 상	不 불	亦 역	示 시
說 설	非 비	別 별	相 상	可 가	不 불	現 현
是 시	有 유	是 시	是 시	思 사	捨 사	如 여
說 설	無 무	無 무	無 무	議 의	等 등	來 래
說 설	作 작	分 분	相 상	知 지	法 법	十 십

사경의 공덕은 십만억 부처님께 공양한 것과 같은 공덕이 있습니다.

是非說不可思議知心與菩
提等知菩提與心等心及菩
提與衆生等亦不生心顚倒
想顚倒見顚倒不可思議於
念念中入滅盡定盡一切漏
而不證實際亦不盡有漏善
根雖知一切法無漏而知漏

시비설불가사의지심여보
리등지보리여심등심급보
리여중생등역불생심전도
상전도견전도불가사의어
념념중입멸진정진일체루
이부증실제역부진유루선
근수지일체법무루이지루

盡진 亦역 知지 漏루 滅멸 雖수 知지 佛불 法법 卽즉 世세

間간 法법 世세 間간 法법 卽즉 佛불 法법 而이 不불 於어

佛불 法법 中중 分분 別별 世세 間간 法법 不불 於어 世세

間간 法법 中중 分분 別별 佛불 法법 一일 切체 諸제 法법

悉실 入입 法법 界계 無무 所소 入입 故고 知지 一일 切체

法법 皆개 無무 二이 無무 變변 易역 故고 是시 爲위 第제

十십 不불 可가 思사 議의

佛(불)子(자)是(시)爲(위)菩(보)薩(살)摩(마)訶(하)薩(살)十(십)

種(종)不(불)可(가)思(사)議(의)若(약)諸(제)菩(보)薩(살)安(안)住(주)

其(기)中(중)則(칙)得(득)一(일)切(체)諸(제)佛(불)無(무)上(상)不(불)

可(가)思(사)議(의)法(법)

佛(불)子(자)菩(보)薩(살)摩(마)訶(하)薩(살)有(유)十(십)種(종)

巧(교)密(밀)語(어)何(하)等(등)爲(위)十(십)所(소)謂(위)於(어)一(일)

切(체)佛(불)經(경)中(중)巧(교)密(밀)語(어)於(어)一(일)切(체)受(수)

悉 실	語 어	一 일	切 체	一 일	通 통	生 생
有 유	於 어	切 체	衆 중	切 체	變 변	處 처
世 세	一 일	法 법	生 생	衆 중	現 현	巧 교
界 계	切 체	究 구	所 소	生 생	成 성	密 밀
或 혹	虛 허	竟 경	起 기	業 업	等 등	語 어
成 성	空 공	無 무	染 염	報 보	正 정	於 어
或 혹	界 계	障 장	淨 정	巧 교	覺 각	一 일
壞 괴	一 일	礙 애	巧 교	密 밀	巧 교	切 체
間 간	一 일	門 문	密 밀	語 어	密 밀	菩 보
無 무	方 방	巧 교	語 어	於 어	語 어	薩 살
空 공	處 처	密 밀	於 어	一 일	於 어	神 신

處巧密語於一切法界一切
처교밀어어일체법계일체

十方乃至微細處悉有如來
시방내지미세처실유여래

示現初生乃至成佛入般涅
시현초생내지성불입반열

槃充滿法界悉分別見巧密
반충만법계실분별견교밀

語見一切衆生平等涅槃無
어견일체중생평등열반무

變易故而不捨大願以一切
변역고이불사대원이일체

智願未得圓滿令滿足故巧
지원미득원만영만족고교

密(밀)語(어)雖(수)知(지)一(일)切(체)法(법)不(불)由(유)他(타)悟(오)
而(이)不(불)捨(사)離(리)諸(제)善(선)知(지)識(식)於(어)如(여)來(래)
所(소)轉(전)加(가)尊(존)敬(경)與(여)善(선)知(지)識(식)和(화)合(합)
無(무)二(이)於(어)諸(제)善(선)根(근)修(수)集(집)種(종)植(식)迴(회)
向(향)安(안)住(주)同(동)一(일)所(소)作(작)同(동)一(일)體(체)性(성)
同(동)一(일)出(출)離(리)同(동)一(일)成(성)就(취)巧(교)密(밀)語(어)
是(시)爲(위)十(십)若(약)諸(제)菩(보)薩(살)安(안)住(주)其(기)中(중)

則得如來無上善巧微密語
즉득여래무상선교미밀어

佛子菩薩摩訶薩有十種
불자보살마하살유십종

巧分別智何等爲十所謂入
교분별지하등위십소위입

一切剎巧分別智入一切衆
일체찰교분별지입일체중

生處巧分別智入一切衆生
생처교분별지입일체중생

心行巧分別智入一切衆生
심행교분별지입일체중생

根巧分別智入一切衆生業
근교분별지입일체중생업

사경의 공덕은 십만억 부처님께 공양한 것과 같은 공덕이 있습니다.

報(보) 巧(교) 分(분) 別(별) 智(지) 入(입) 一(일) 切(체) 聲(성) 聞(문) 行(행)
巧(교) 分(분) 別(별) 智(지) 入(입) 一(일) 切(체) 獨(독) 覺(각) 行(행) 巧(교)
分(분) 別(별) 智(지) 入(입) 一(일) 切(체) 菩(보) 薩(살) 行(행) 巧(교) 分(분)
別(별) 智(지) 入(입) 一(일) 切(체) 世(세) 間(간) 法(법) 巧(교) 分(분) 別(별)
智(지) 入(입) 一(일) 切(체) 佛(불) 法(법) 巧(교) 分(분) 別(별) 智(지) 是(시)
爲(위) 十(십) 若(약) 諸(제) 菩(보) 薩(살) 安(안) 住(주) 其(기) 中(중) 則(즉)
得(득) 一(일) 切(체) 諸(제) 佛(불) 無(무) 上(상) 善(선) 巧(교) 分(분) 別(별)

諸法智佛子菩薩摩訶薩有
제 법 지 불 자 보 살 마 하 살 유

十種入三昧何等爲十所謂
십 종 입 삼 매 하 등 위 십 소 위

於一切世界入三昧於一切
어 일 체 세 계 입 삼 매 어 일 체

衆生身入三昧於一切法入
중 생 신 입 삼 매 어 일 체 법 입

三昧見一切佛入三昧住一
삼 매 견 일 체 불 입 삼 매 주 일

切劫入三昧從三昧起現不
체 겁 입 삼 매 종 삼 매 기 현 부

思議身入三昧於一切佛身
사 의 신 입 삼 매 어 일 체 불 신

諸 제	諸 제	無 무	礙 애	三 삼	入 입	入 입
佛 불	菩 보	有 유	智 지	昧 매	三 삼	三 삼
無 무	薩 살	休 휴	成 성	智 지	昧 매	昧 매
上 상	安 안	息 식	就 취	入 입	一 일	覺 각
善 선	住 주	入 입	一 일	三 삼	念 념	悟 오
巧 교	其 기	三 삼	切 체	昧 매	中 중	一 일
三 삼	中 중	昧 매	諸 제	一 일	入 입	切 체
昧 매	則 즉	是 시	菩 보	念 념	一 일	衆 중
法 법	得 득	爲 위	薩 살	中 중	切 체	生 생
	一 일	十 십	行 행	以 이	菩 보	平 평
	切 체	若 약	願 원	無 무	薩 살	等 등

佛子菩薩摩訶薩有十種
불자보살마하살유십종

徧入何等爲十所謂衆生徧
변입하등위십소위중생변

入國土徧入世間種種相徧
입국토변입세간종종상변

入火災徧入水災徧入佛徧
입화재변입수재변입불변

入莊嚴徧入如來無邊功德
입장엄변입여래무변공덕

身徧入一切種種說法徧入
신변입일체종종설법변입

一切如來種種供養徧入是
일체여래종종공양변입시

爲十若諸菩薩安住其中則
위 십 약 제 보 살 안 주 기 중 즉

得如來無上大智徧入法
득 여 래 무 상 대 지 변 입 법

佛子菩薩摩訶薩有十種
불 자 보 살 마 하 살 유 십 종

解脫門何等爲十所謂一身
해 탈 문 하 등 위 십 소 위 일 신

周徧一切世界解脫門於一
주 변 일 체 세 계 해 탈 문 어 일

切世界示現無量種種色相
체 세 계 시 현 무 량 종 종 색 상

解脫門以一切世界入一佛
해 탈 문 이 일 체 세 계 입 일 불

解 해	一 일	念 념	身 신	充 충	界 계	剎 찰
脫 탈	世 세	中 중	中 중	滿 만	解 해	解 해
門 문	界 계	往 왕	見 견	一 일	脫 탈	脫 탈
一 일	示 시	一 일	一 일	切 체	門 문	門 문
身 신	現 현	切 체	切 체	世 세	以 이	普 보
充 충	一 일	世 세	世 세	界 계	一 일	加 가
滿 만	切 체	界 계	界 계	解 해	切 체	持 지
一 일	如 여	解 해	解 해	脫 탈	佛 불	一 일
切 체	來 래	脫 탈	脫 탈	門 문	莊 장	切 체
法 법	出 출	門 문	門 문	於 어	嚴 엄	衆 중
界 계	世 세	於 어	一 일	自 자	身 신	生 생

解脫門一念中示現一切佛
遊戲神通解脫門是爲十若
諸菩薩安住其中則得如來
無上解脫門
佛子菩薩摩訶薩有十種
神通何等爲十所謂憶念宿
命方便智通天耳無礙方便

智通知他衆生不思議心行
지통지타중생부사의심행

方便智通天眼觀察無有障
방편지통천안관찰무유장

礙方便智通隨衆生心現不
애방편지통수중생심현부

思議大神通力方便智通一
사의대신통력방편지통일

身普現無量世界方便智通
신보현무량세계방편지통

一念徧入不可說不可說世
일념변입불가설불가설세

界方便智通出生無量莊嚴
계방편지통출생무량장엄

來 래	若 약	藐 막	可 가	智 지	通 통	具 구
無 무	諸 제	三 삼	說 설	通 통	示 시	莊 장
上 상	菩 보	菩 보	世 세	隨 수	現 현	嚴 엄
大 대	薩 살	提 리	界 계	不 부	不 불	不 부
善 선	安 안	方 방	現 현	思 사	可 가	思 사
巧 교	住 주	便 편	成 성	議 의	說 설	議 의
神 신	其 기	智 지	阿 아	衆 중	變 변	世 세
通 통	中 중	通 통	耨 뇩	生 생	化 화	界 계
爲 위	則 즉	是 시	多 다	心 심	身 신	方 방
一 일	得 득	爲 위	羅 라	於 어	方 방	便 편
切 체	如 여	十 십	三 삼	不 불	便 편	智 지

所 소	善 선	生 생	生 생	明 명		衆 중
緣 연	巧 교	境 경	業 업	何 하	佛 불	生 생
唯 유	智 지	界 계	報 보	等 등	子 자	種 종
是 시	明 명	寂 적	善 선	爲 위	菩 보	種 종
一 일	知 지	滅 멸	巧 교	十 십	薩 살	示 시
相 상	一 일	淸 청	智 지	所 소	摩 마	現 현
悉 실	切 체	淨 정	明 명	謂 위	訶 하	令 영
不 불	衆 중	無 무	知 지	知 지	薩 살	其 기
可 가	生 생	諸 제	一 일	一 일	有 유	修 수
得 득	種 종	戲 희	切 체	切 체	十 십	學 학
一 일	種 종	論 론	衆 중	衆 중	種 종	

切諸法皆如金剛善巧智明
체제법개여금강선교지명

能以無量微妙音聲普聞十
능이무량미묘음성보문시

方一切世界善巧智明普壞
방일체세계선교지명보괴

一切心所染着善巧智明能
일체심소염착선교지명능

以方便示現受生或不受生
이방편시현수생혹불수생

善巧智明捨離一切想受境
선교지명사리일체상수경

界善巧智明知一切法非相
계선교지명지일체법비상

非無相一性無性無所分別
비무상일성무성무소분별

而能了知種種諸法於無量
이능료지종종제법어무량

劫分別演說住於法界成阿
겁분별연설주어법계성아

耨多羅三藐三菩提善巧智
뇩다라삼먁삼보리선교지

明菩薩摩訶薩知一切衆生
명보살마하살지일체중생

生本無有生了達受生不可
생본무유생요달수생불가

得故而知因知緣知事知境
득고이지인지연지사지경

界知行知生知滅知言說知
계지행지생지멸지언설지

迷惑知離迷惑知顚倒知離
미혹지리미혹지전도지리

顚倒知雜染知淸淨知生死
전도지잡염지청정지생사

知涅槃知可得知不可得知
지열반지가득지불가득지

執着知無執着知住知動知
집착지무집착지주지동지

去知還知起知不起知失壞
거지환지기지불기지실괴

知出離知成熟知諸根知調
지출리지성숙지제근지조

緣 연	倦 권	是 시	羅 라	但 단	忘 망	伏 복
起 기	不 불	故 고	三 삼	爲 위	失 실	隨 수
善 선	違 위	菩 보	藐 먁	利 이	菩 보	其 기
巧 교	一 일	薩 살	三 삼	益 익	薩 살	所 소
智 지	切 체	常 상	菩 보	衆 중	所 소	應 응
明 명	世 세	化 화	提 리	生 생	行 행	種 종
菩 보	間 간	衆 중	心 심	故 고	何 하	種 종
薩 살	所 소	生 생	無 무	發 발	以 이	敎 교
摩 마	作 작	身 신	餘 여	阿 아	故 고	化 화
訶 하	是 시	無 무	所 소	耨 녹	菩 보	未 미
薩 살	名 명	疲 피	爲 위	多 다	薩 살	曾 증

依 의	悲 비	說 설	不 불	着 착	着 착	於 어
於 어	大 대	法 법	見 견	心 심	不 불	佛 불
如 여	願 원	然 연	有 유	於 어	起 기	無 무
來 래	見 견	亦 역	衆 중	衆 중	着 착	着 착
種 종	佛 불	不 불	生 생	生 생	心 심	不 불
諸 제	聞 문	捨 사	而 이	無 무	於 어	起 기
善 선	法 법	菩 보	行 행	着 착	刹 찰	着 착
根 근	隨 수	薩 살	教 교	不 불	無 무	心 심
恭 공	順 순	諸 제	化 화	起 기	着 착	於 어
敬 경	修 수	行 행	調 조	着 착	不 불	法 법
供 공	行 행	大 대	伏 복	心 심	起 기	無 무

養(양)無(무)有(유)休(휴)息(식)能(능)以(이)神(신)力(력)震(진)動(동)
十(시)方(방)無(무)量(량)世(세)界(계)其(기)心(심)廣(광)大(대)等(등)
法(법)界(계)故(고)知(지)種(종)種(종)說(설)法(법)知(지)衆(중)生(생)
數(수)知(지)衆(중)生(생)差(차)別(별)知(지)苦(고)生(생)知(지)苦(고)
滅(멸)知(지)一(일)切(체)行(행)皆(개)如(여)影(영)像(상)行(행)菩(보)
薩(살)行(행)永(영)斷(단)一(일)切(체)受(수)生(생)根(근)本(본)但(단)
爲(위)救(구)護(호)一(일)切(체)衆(중)生(생)行(행)菩(보)薩(살)行(행)

而無所行隨順一切諸佛種
이무소행수순일체제불종

性發如大山王心知一切虛
성발여대산왕심지일체허

妄顚倒入一切種智門智慧
망전도입일체종지문지혜

廣大不可傾動當成正覺於
광대불가경동당성정각어

生死海平等濟度一切衆生
생사해평등제도일체중생

善巧智明是爲十若諸菩薩
선교지명시위십약제보살

安住其中則得如來無上大
안주기중즉득여래무상대

善(선)巧(교)智(지)明(명)

佛(불)子(자)菩(보)薩(살)摩(마)訶(하)薩(살)有(유)十(십)種(종)

解(해)脫(탈)何(하)等(등)爲(위)十(십)所(소)謂(위)煩(번)惱(뇌)解(해)

脫(탈)邪(사)見(견)解(해)脫(탈)諸(제)取(취)解(해)脫(탈)蘊(온)處(처)

界(계)解(해)脫(탈)超(초)二(이)乘(승)解(해)脫(탈)無(무)生(생)法(법)

忍(인)解(해)脫(탈)於(어)一(일)切(체)世(세)間(간)一(일)切(체)刹(찰)

一(일)切(체)衆(중)生(생)一(일)切(체)法(법)離(이)着(착)解(해)脫(탈)

無邊住解脫發起一切菩薩
무변주해탈발기일체보살

行入如來無分別地解脫於
행입여래무분별지해탈어

一念中悉能了知一切三世
일념중실능료지일체삼세

解脫是爲十若諸菩薩安住
해탈시위십약제보살안주

此法則能施作無上佛事教
차법즉능시작무상불사교

化成熟一切衆生
화성숙일체중생

佛子菩薩摩訶薩有十種
불자보살마하살유십종

園林何等爲十所謂生死是
원림하등위십소위생사시

菩薩園林無厭捨故教化衆
보살원림무염사고교화중

生是菩薩園林不疲倦故住
생시보살원림불피권고주

一切劫是菩薩園林攝諸大
일체겁시보살원림섭제대

行故清淨世界是菩薩園林
행고청정세계시보살원림

自所止住故一切魔宮殿是
자소지주고일체마궁전시

菩薩園林降伏彼衆故思惟
보살원림항복피중고사유

所聞法是菩薩園林如理觀
소문법시보살원림여리관

察故六波羅蜜四攝事三十
찰고육바라밀사섭사삼십

七菩提分法是菩薩園林紹
칠보리분법시보살원림소

繼慈父境界故十力四無所
계자부경계고십력사무소

畏十八不共乃至一切佛法
외십팔불공내지일체불법

是菩薩園林不念餘法故示
시보살원림불념여법고시

現一切菩薩威力自在神通
현일체보살위력자재신통

是(시)菩(보)薩(살)園(원)林(림)以(이)大(대)神(신)力(력)轉(전)正(정)

法(법)輪(륜)調(조)伏(복)衆(중)生(생)無(무)休(휴)息(식)故(고)一(일)

念(념)於(어)一(일)切(체)處(처)爲(위)一(일)切(체)衆(중)生(생)示(시)

成(성)正(정)覺(각)是(시)菩(보)薩(살)園(원)林(림)法(법)身(신)周(주)

徧(변)盡(진)虛(허)空(공)一(일)切(체)世(세)界(계)故(고)是(시)爲(위)

十(십)若(약)諸(제)菩(보)薩(살)安(안)住(주)此(차)法(법)則(즉)得(득)

如(여)來(래)無(무)上(상)離(리)憂(우)惱(뇌)大(대)安(안)樂(락)行(행)

衆 중	禪 선	殿 전	善 선	是 시	宮 궁	
生 생	定 정	教 교	業 업	菩 보	殿 전	佛 불
故 고	是 시	化 화	道 도	薩 살	何 하	子 자
生 생	菩 보	欲 욕	福 복	宮 궁	等 등	菩 보
淨 정	薩 살	界 계	德 덕	殿 전	爲 위	薩 살
居 거	宮 궁	衆 중	智 지	恒 항	十 십	摩 마
天 천	殿 전	生 생	慧 혜	不 불	所 소	訶 하
是 시	教 교	故 고	是 시	忘 망	謂 위	薩 살
菩 보	化 화	四 사	菩 보	失 실	菩 보	有 유
薩 살	色 색	梵 범	薩 살	故 고	提 리	十 십
宮 궁	界 계	住 주	宮 궁	十 십	心 심	種 종

殿一切煩惱不染故生無色
전일체번뇌불염고생무색

界是菩薩宮殿令諸衆生離
계시보살궁전영제중생이

難處故生雜染世界是菩薩
난처고생잡염세계시보살

宮殿令一切衆生斷煩惱故
궁전영일체중생단번뇌고

現處內宮妻子眷屬是菩薩
현처내궁처자권속시보살

宮殿成就往昔同行衆生故
궁전성취왕석동행중생고

現居輪王護世釋梵是菩薩
현거륜왕호세석범시보살

宮殿爲調伏自在心衆生故 (궁전위조복자재심중생고)

住一切菩薩行遊戲神通皆 (주일체보살행유희신통개)

得自在是菩薩宮殿善遊戲 (득자재시보살궁전선유희)

諸禪解脫三昧智慧故一切 (제선해탈삼매지혜고일체)

佛所受無上自在一切智王 (불소수무상자재일체지왕)

灌頂記是菩薩宮殿住十力 (관정기시보살궁전주십력)

莊嚴作一切法王自在事故 (장엄작일체법왕자재사고)

사경의 공덕은 십만억 부처님께 공양한 것과 같은 공덕이 있습니다.

是爲十若諸菩薩安住其中
則得法灌頂於一切世間神
力自在
佛子菩薩摩訶薩有十種
所樂何等爲十所謂樂正念
心不散亂故樂智慧分別諸
法故樂往詣一切佛所聽法

사경의 공덕은 십만억 부처님께 공양한 것과 같은 공덕이 있습니다.

於 어	忘 망	三 삼	三 삼	生 생	邊 변	無 무
一 일	轉 전	昧 매	昧 매	以 이	際 제	厭 염
文 문	授 수	門 문	門 문	無 무	故 고	故 고
一 일	衆 중	故 고	於 어	量 량	樂 요	樂 요
句 구	生 생	樂 요	一 일	門 문	菩 보	諸 제
經 경	故 고	陀 다	三 삼	而 이	薩 살	佛 불
不 불	樂 요	羅 라	昧 매	現 현	自 자	充 충
可 가	無 무	尼 니	門 문	身 신	在 재	滿 만
說 설	礙 애	持 지	入 입	故 고	爲 위	十 시
劫 겁	辯 변	法 법	一 일	樂 요	諸 제	方 방
分 분	才 재	不 불	切 체	諸 제	衆 중	無 무

別演說無窮盡故樂成正覺
별연설무궁진고요성정각

爲一切衆生以無量門示現
위일체중생이무량문시현

於身成正覺故樂轉法輪摧
어신성정각고요전법륜최

滅一切異道法故是爲十若
멸일체이도법고시위십약

諸菩薩安住此法則得一切
제보살안주차법즉득일체

諸佛如來無上法樂
제불여래무상법요

佛子菩薩摩訶薩有十種莊
불자보살마하살유십종장

嚴何等爲十所謂力莊嚴不
엄하등위십소위력장엄불

可壞故無畏莊嚴無能伏故
가괴고무외장엄무능복고

義莊嚴說不可說義無窮盡
의장엄설불가설의무궁진

故法莊嚴八萬四千法聚觀
고법장엄팔만사천법취관

察演說無忘失故願莊嚴一
찰연설무망실고원장엄일

切菩薩所發弘誓無退轉故
체보살소발홍서무퇴전고

行莊嚴修普賢行而出離故
행장엄수보현행이출리고

사경의 공덕은 십만억 부처님께 공양한 것과 같은 공덕이 있습니다.

刹莊嚴以一切刹作一刹故
찰장엄이일체찰작일찰고

普音莊嚴周徧一切諸佛世
보음장엄주변일체제불세

界雨法雨故力持莊嚴於一
계우법우고역지장엄어일

切劫行無數行不斷絶故變
체겁행무수행부단절고변

化莊嚴於一衆生身示現一
화장엄어일중생신시현일

切衆生數等身令一切衆生
체중생수등신영일체중생

悉得知見求一切智無退轉
실득지견구일체지무퇴전

사경의 공덕은 십만억 부처님께 공양한 것과 같은 공덕이 있습니다.

故是爲十若諸菩薩安住此
고시위십약제보살안주차

法則得如來一切無上法莊
법즉득여래일체무상법장

嚴
엄

佛子菩薩摩訶薩發十種
불자보살마하살발십종

不動心何等爲十所謂於一
부동심하등위십소위어일

切所有悉皆能捨不動心思
체소유실개능사부동심사

惟觀察一切佛法不動心憶
유관찰일체불법부동심억

念供養一切諸佛不動心於
념공양일체제불부동심어

一切衆生誓無惱害不動心
일체중생서무뇌해부동심

普攝衆生不揀怨親不動心
보섭중생불간원친부동심

求一切佛法無有休息不動心
구일체불법무유휴식부동심

心一切衆生數等不可說不
심일체중생수등불가설불

可說劫行菩薩行不生疲厭
가설겁행보살행불생피염

亦無退轉不動心成就有根
역무퇴전부동심성취유근

信無濁信清淨信極清淨信離垢信明徹信恭敬供養一切佛信不退轉信不可盡信無能壞信大歡喜信踊躍信不動成就信出生一切智方便道心不動一切菩薩行法信受不謗不聞心是爲十若

신무탁신청정신극청정신이구신명철신공경공양일체불신불퇴전신불가진신무능괴신대환희신용약신부동성취신출생일체지방편도심부동일체보살행법신수불방부문심시위십약

諸菩薩安住此法則得無上
제보살안주차법즉득무상

一切智不動心
일체지부동심

佛子菩薩摩訶薩有十種
불자보살마하살유십종

不捨深大心何等爲十所謂
불사심대심하등위십소위

不捨成滿一切佛菩提深大
불사성만일체불보리심대

心不捨教化調伏一切衆生
심불사교화조복일체중생

深大心不捨不斷一切諸佛
심대심불사부단일체제불

菩 보	淨 정	於 어	切 체	切 체	善 선	種 종
薩 살	戒 계	一 일	大 대	諸 제	知 지	性 성
深 심	深 심	切 체	乘 승	佛 불	識 식	深 심
大 대	大 대	佛 불	功 공	深 심	深 심	大 대
心 심	心 심	所 소	德 덕	大 대	大 대	心 심
不 불	不 불	修 수	法 법	心 심	心 심	不 불
捨 사	捨 사	行 행	深 심	不 불	不 불	捨 사
求 구	親 친	梵 범	大 대	捨 사	捨 사	親 친
一 일	近 근	行 행	心 심	專 전	供 공	近 근
切 체	一 일	護 호	不 불	求 구	養 양	一 일
佛 불	切 체	持 지	捨 사	一 일	一 일	切 체

사경의 공덕은 십만억 부처님께 공양한 것과 같은 공덕이 있습니다.

法方便護持深大心不捨滿
법방편호지심대심불사만

一切菩薩行願集一切諸佛
일체보살행원집일체제불

法深大心是爲十若諸菩薩
법심대심시위십약제보살

安住其中則能不捨一切佛
안주기중즉능불사일체불

法
법

佛子菩薩摩訶薩有十種
불자보살마하살유십종

智慧觀察何等爲十所謂善
지혜관찰하등위십소위선

巧(교)分(분)別(별)說(설)一(일)切(체)法(법)智(지)慧(혜)觀(관)察(찰)
了(요)知(지)三(삼)世(세)一(일)切(체)善(선)根(근)智(지)慧(혜)觀(관)
察(찰)了(요)知(지)一(일)切(체)諸(제)菩(보)薩(살)行(행)自(자)在(재)
變(변)化(화)智(지)慧(혜)觀(관)察(찰)了(요)知(지)一(일)切(체)諸(제)
法(법)義(의)門(문)智(지)慧(혜)觀(관)察(찰)了(요)知(지)一(일)切(체)
諸(제)佛(불)威(위)力(력)智(지)慧(혜)觀(관)察(찰)了(요)知(지)一(일)
切(체)陀(다)羅(라)尼(니)門(문)智(지)慧(혜)觀(관)察(찰)於(어)一(일)

切世界普說正法智慧觀察
체세계보설정법지혜관찰

入一切法界智慧觀察知一
입일체법계지혜관찰지일

切十方不可思議智慧觀察
체시방불가사의지혜관찰

知一切佛法智慧光明無有
지일체불법지혜광명무유

障礙智慧觀察是爲十若諸
장애지혜관찰시위십약제

菩薩安住其中則得如來無
보살안주기중즉득여래무

上大智慧觀察
상대지혜관찰

說(설) 法(법) 如(여) 一(일) 無(무) 剛(강)

佛(불) 法(법) 皆(개) 幻(환) 切(체) 所(소) 說(설)

子(자) 何(하) 從(종) 說(설) 法(법) 依(의) 一(일)

菩(보) 等(등) 緣(연) 一(일) 無(무) 止(지) 切(체)

薩(살) 爲(위) 起(기) 切(체) 有(유) 說(설) 法(법)

摩(마) 十(십) 說(설) 法(법) 邊(변) 一(일) 皆(개)

訶(하) 所(소) 一(일) 無(무) 際(제) 切(체) 悉(실)

薩(살) 謂(위) 切(체) 有(유) 說(설) 法(법) 如(여)

有(유) 說(설) 法(법) 乖(괴) 一(일) 猶(유) 如(여)

十(십) 一(일) 皆(개) 諍(쟁) 切(체) 如(여) 說(설)

種(종) 切(체) 悉(실) 說(설) 法(법) 金(금) 一(일)

切法皆悉寂靜說一切法皆
悉出離說一切法皆住一義
本性成就是爲十若諸菩薩
安住其中則能善巧說一切
法

佛子菩薩摩訶薩有十種
清淨何等爲十所謂深心清

清 청	種 종	具 구	清 청	淨 정	清 청	淨 정
淨 정	百 백	足 족	淨 정	無 무	淨 정	斷 단
是 시	福 복	成 성	受 수	畏 외	求 구	疑 의
爲 위	相 상	就 취	一 일	清 청	一 일	清 청
十 십	白 백	無 무	切 체	淨 정	切 체	淨 정
若 약	淨 정	上 상	菩 보	住 주	智 지	離 이
諸 제	法 법	菩 보	薩 살	一 일	清 청	見 견
菩 보	一 일	提 리	律 률	切 체	淨 정	清 청
薩 살	切 체	三 삼	儀 의	菩 보	辯 변	淨 정
安 안	善 선	十 십	清 청	薩 살	才 재	境 경
住 주	根 근	二 이	淨 정	智 지	清 청	界 계

其(기)中(중)則(즉)得(득)一(일)切(체)如(여)來(래)無(무)上(상)淸(청)
淨(정)法(법)
佛(불)子(자)菩(보)薩(살)摩(마)訶(하)薩(살)有(유)十(십)種(종)
印(인)何(하)等(등)爲(위)十(십)所(소)謂(위)菩(보)薩(살)摩(마)訶(하)
薩(살)知(지)苦(고)苦(고)壞(괴)苦(고)行(행)苦(고)專(전)求(구)佛(불)
法(법)不(불)生(생)懈(해)怠(태)行(행)菩(보)薩(살)行(행)無(무)有(유)
疲(피)懈(해)不(불)驚(경)不(불)畏(외)不(불)恐(공)不(불)怖(포)不(불)

捨사 大대 願원 求구 一일 切체 智지 堅견 固고 不불 退퇴
究구 竟경 阿아 耨뇩 多다 羅라 三삼 藐먁 三삼 菩보 提리
是시 爲위 第제 一일 印인 菩보 薩살 摩마 訶하 薩살 見견
有유 衆중 生생 愚우 癡치 狂광 亂란 或혹 以이 麤추 弊폐
惡악 語어 而이 相상 毁훼 辱욕 或혹 以이 刀도 杖장 瓦와
石석 而이 加가 損손 害해 終종 不불 以이 此차 境경 界계
捨사 菩보 薩살 心심 但단 忍인 辱욕 柔유 和화 專전 修수

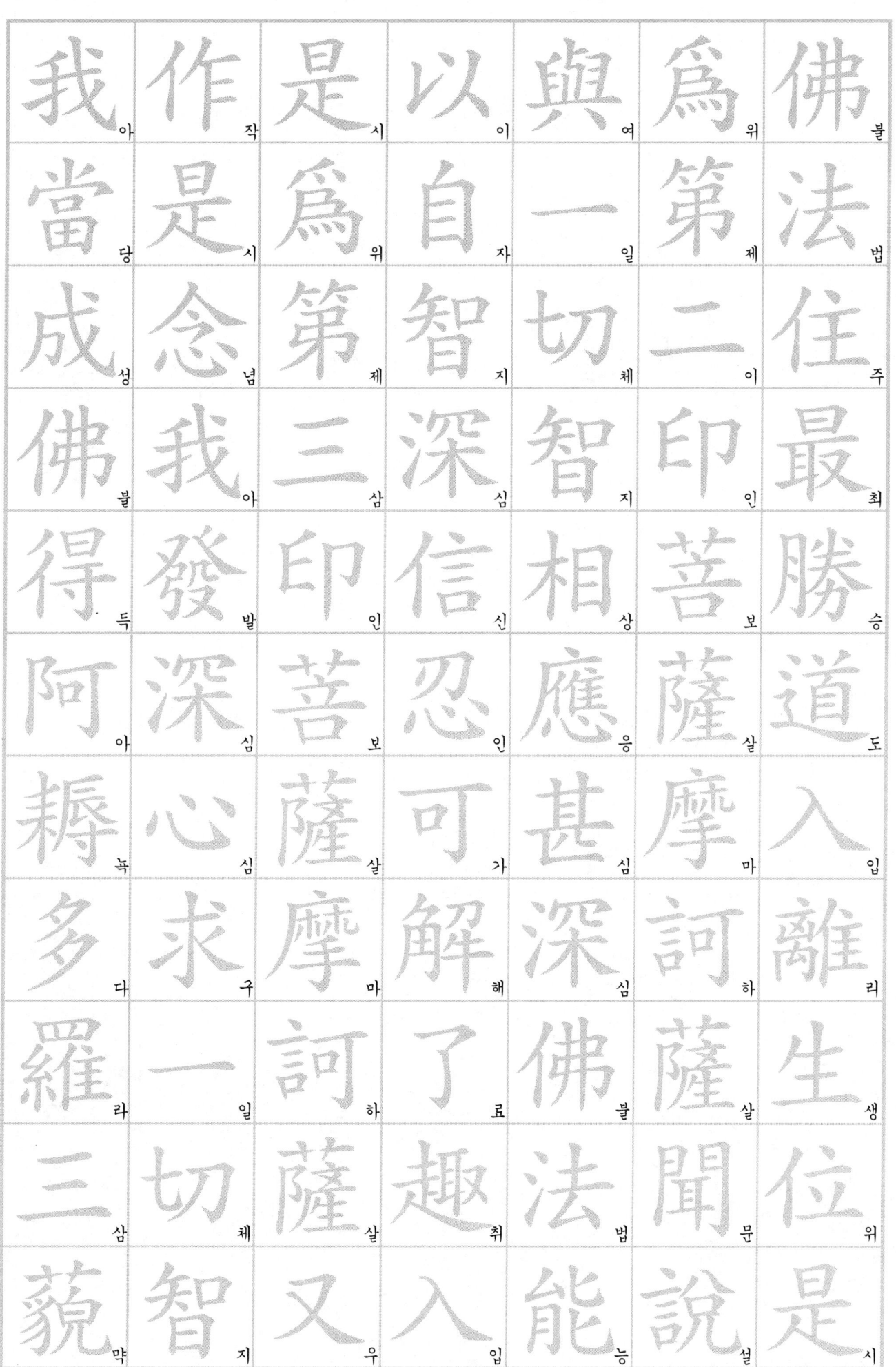

我 아	作 작	是 시	以 이	與 여	爲 위	佛 불
當 당	是 시	爲 위	自 자	一 일	第 제	法 법
成 성	念 념	第 제	智 지	切 체	二 이	住 주
佛 불	我 아	三 삼	深 심	智 지	印 인	最 최
得 득	發 발	印 인	信 신	相 상	菩 보	勝 승
阿 아	深 심	菩 보	忍 인	應 응	薩 살	道 도
耨 뇩	心 심	薩 살	可 가	甚 심	摩 마	入 입
多 다	求 구	摩 마	解 해	深 심	訶 하	離 리
羅 라	一 일	訶 하	了 료	佛 불	薩 살	生 생
三 삼	切 체	薩 살	趣 취	法 법	聞 문	位 위
藐 먁	智 지	又 우	入 입	能 능	說 설	是 시

量 량	齊 제	薩 살	不 불	心 심	受 수	三 삼
佛 불	限 한	知 지	退 퇴	深 심	無 무	菩 보
所 소	測 측	如 여	是 시	信 신	量 량	提 리
聞 문	如 여	來 래	爲 위	歡 환	苦 고	一 일
如 여	來 래	智 지	第 제	喜 희	亦 역	切 체
來 래	智 지	無 무	四 사	勤 근	當 당	衆 중
智 지	菩 보	有 유	印 인	修 수	令 령	生 생
無 무	薩 살	邊 변	菩 보	精 정	其 기	流 유
有 유	曾 증	際 제	薩 살	進 진	發 발	轉 전
邊 변	於 어	不 불	摩 마	堅 견	菩 보	五 오
際 제	無 무	以 이	訶 하	固 고	提 리	趣 취

사경의 공덕은 십만억 부처님께 공양한 것과 같은 공덕이 있습니다.

故能不以齊限測度一切世
고능불이제한측도일체세

間文字所說皆有齊限悉不
간문자소설개유제한실불

能知如來智慧是爲第五印
능지여래지혜시위제오인

菩薩摩訶薩於阿耨多羅三
보살마하살어아뇩다라삼

藐三菩提得最勝欲甚深欲
먁삼보리득최승욕심심욕

廣欲大欲種種欲無能勝欲
광욕대욕종종욕무능승욕

無上欲堅固欲衆魔外道幷
무상욕견고욕중마외도병

其眷屬無能壞欲求一切智
기권속무능괴욕구일체지

不退轉欲菩薩住如是等欲
불퇴전욕보살주여시등욕

於無上菩提畢竟不退是爲
어무상보리필경불퇴시위

第六印菩薩摩訶薩行菩薩
제육인보살마하살행보살

行不顧身命無能沮壞發心
행불고신명무능저괴발심

趣向一切智故一切智性常
취향일체지고일체지성상

現前故得一切佛智光明故
현전고득일체불지광명고

菩 보	取 취	令 영	大 대	訶 하	善 선	終 종
提 리	一 일	其 기	乘 승	薩 살	知 지	不 불
是 시	切 체	安 안	者 자	若 약	識 식	捨 사
爲 위	智 지	住 주	令 영	見 견	是 시	離 리
第 제	心 심	一 일	其 기	善 선	爲 위	佛 불
八 팔	令 영	切 체	增 증	男 남	第 제	菩 보
印 인	其 기	善 선	長 장	子 자	七 칠	提 리
菩 보	不 불	根 근	求 구	善 선	印 인	終 종
薩 살	退 퇴	令 영	佛 불	女 녀	菩 보	不 불
摩 마	無 무	其 기	法 법	人 인	薩 살	捨 사
訶 하	上 상	攝 섭	心 심	趣 취	摩 마	離 리

薩令一切衆生得平等心勸
살 영 일 체 중 생 득 평 등 심 권

令勤修一切智道以大悲心
령 근 수 일 체 지 도 이 대 비 심

而爲說法令於阿耨多羅三
이 위 설 법 영 어 아 녹 다 라 삼

藐三菩提永不退轉是爲第
먁 삼 보 리 영 불 퇴 전 시 위 제

九印菩薩摩訶薩與三世諸
구 인 보 살 마 하 살 여 삼 세 제

佛同一善根不斷一切諸佛
불 동 일 선 근 부 단 일 체 제 불

種性究竟得至一切智智是
종 성 구 경 득 지 일 체 지 지 시

사경의 공덕은 십만억 부처님께 공양한 것과 같은 공덕이 있습니다.

爲(위)第(제)十(십)印(인)

佛(불)子(자)是(시)爲(위)菩(보)薩(살)摩(마)訶(하)薩(살)十(십)

種(종)印(인)菩(보)薩(살)以(이)此(차)速(속)成(성)阿(아)耨(뇩)多(다)

羅(라)三(삼)藐(약)三(삼)菩(보)提(리)具(구)足(족)如(여)來(래)一(일)

切(체)法(법)無(무)上(상)智(지)印(인)佛(불)子(자)菩(보)薩(살)摩(마)

訶(하)薩(살)有(유)十(십)種(종)智(지)光(광)照(조)何(하)等(등)爲(위)

十(십)所(소)謂(위)知(지)定(정)當(당)成(성)阿(아)耨(뇩)多(다)羅(라)

衆 중	一 일	提 리	法 법	生 생	佛 불	三 삼
生 생	切 체	心 심	門 문	彼 피	智 지	藐 먁
悉 실	諸 제	集 집	智 지	智 지	光 광	三 삼
令 령	佛 불	諸 제	光 광	光 광	照 조	菩 보
安 안	智 지	善 선	照 조	照 조	見 견	提 리
住 주	光 광	根 근	依 의	解 해	一 일	智 지
如 여	照 조	智 지	善 선	一 일	切 체	光 광
來 래	教 교	光 광	知 지	切 체	衆 중	照 조
地 지	化 화	照 조	識 식	修 수	生 생	見 견
智 지	一 일	示 시	發 발	多 다	死 사	一 일
光 광	切 체	現 현	菩 보	羅 라	此 차	切 체

照(조)演(연)說(설)不(불)可(가)思(사)議(의)廣(광)大(대)法(법)門(문)
智(지)光(광)照(조)善(선)巧(교)了(료)知(지)一(일)切(체)諸(제)佛(불)
神(신)通(통)威(위)力(력)智(지)光(광)照(조)滿(만)足(족)一(일)切(체)
諸(제)波(바)羅(라)蜜(밀)智(지)光(광)照(조)是(시)爲(위)十(십)若(약)
諸(제)菩(보)薩(살)安(안)住(주)此(차)法(법)則(즉)得(득)一(일)切(체)
諸(제)佛(불)無(무)上(상)智(지)光(광)照(조)
佛(불)子(자)菩(보)薩(살)摩(마)訶(하)薩(살)有(유)十(십)種(종)

有 유	等 등	第 제	證 증	薩 살	悉 실	無 무
少 소	法 법	一 일	以 이	摩 마	無 무	等 등
執 집	界 계	無 무	一 일	訶 하	與 여	住 주
着 착	一 일	等 등	切 체	薩 살	等 등	一 일
是 시	切 체	住 주	願 원	雖 수	何 하	切 체
爲 위	善 선	菩 보	未 미	觀 관	等 등	衆 중
第 제	根 근	薩 살	成 성	實 실	爲 위	生 생
二 이	而 이	摩 마	滿 만	際 제	十 십	聲 성
無 무	不 불	訶 하	故 고	而 이	所 소	聞 문
等 등	於 어	薩 살	是 시	不 불	謂 위	獨 독
住 주	中 중	種 종	爲 위	取 취	菩 보	覺 각

菩(보)薩(살)摩(마)訶(하)薩(살)修(수)菩(보)薩(살)行(행)知(지)其(기)
如(여)化(화)以(이)一(일)切(체)法(법)悉(실)寂(적)滅(멸)故(고)而(이)
於(어)佛(불)法(법)不(불)生(생)疑(의)惑(혹)是(시)爲(위)第(제)三(삼)
無(무)等(등)住(주)菩(보)薩(살)摩(마)訶(하)薩(살)雖(수)離(리)世(세)
間(간)所(소)有(유)妄(망)想(상)然(연)能(능)作(작)意(의)於(어)不(불)
可(가)說(설)劫(겁)行(행)菩(보)薩(살)行(행)滿(만)足(족)大(대)願(원)
終(종)不(불)中(중)起(기)疲(피)厭(염)之(지)心(심)是(시)爲(위)第(제)

切 체	切 체	五 오	一 일	寂 적	切 체	四 사
劫 겁	劫 겁	無 무	切 체	滅 멸	法 법	無 무
數 수	皆 개	等 등	智 지	故 고	無 무	等 등
是 시	卽 즉	住 주	道 도	而 이	所 소	住 주
爲 위	非 비	菩 보	未 미	不 부	取 취	菩 보
第 제	劫 겁	薩 살	成 성	證 증	着 착	薩 살
六 륙	而 이	摩 마	滿 만	涅 열	以 이	摩 마
無 무	眞 진	訶 하	故 고	槃 반	一 일	訶 하
等 등	實 실	薩 살	是 시	何 하	切 체	薩 살
住 주	說 설	知 지	爲 위	以 이	法 법	於 어
菩 보	一 일	一 일	第 제	故 고	性 성	一 일

사경의 공덕은 십만억 부처님께 공양한 것과 같은 공덕이 있습니다.

生 생	無 무	知 지	知 지	爲 위	作 작	薩 살
於 어	等 등	其 기	三 삼	第 제	而 이	摩 마
不 불	住 주	心 심	界 계	七 칠	不 불	訶 하
可 가	菩 보	無 무	唯 유	無 무	捨 사	薩 살
說 설	薩 살	量 량	心 심	等 등	作 작	知 지
劫 겁	摩 마	無 무	三 삼	住 주	道 도	一 일
行 행	訶 하	邊 변	世 세	菩 보	求 구	切 체
菩 보	薩 살	是 시	唯 유	薩 살	諸 제	法 법
薩 살	爲 위	爲 위	心 심	摩 마	佛 불	悉 실
行 행	一 일	第 제	而 이	訶 하	法 법	無 무
欲 욕	衆 중	八 팔	了 요	薩 살	是 시	所 소

令安住一切智地如爲一衆
령안주일체지지여위일중

生爲一切衆生悉亦如是而
생위일체중생실역여시이

不生疲厭是爲第九無等住
불생피염시위제구무등주

菩薩摩訶薩雖修行圓滿而
보살마하살수수행원만이

不證菩提何以故菩薩作如
부증보리하이고보살작여

是念我之所作本爲衆生是
시념아지소작본위중생시

故我應久處生死方便利益
고아응구처생사방편이익

皆(개)令(령)安(안)住(주)無(무)上(상)佛(불)道(도)是(시)爲(위)第(제)

十(십)無(무)等(등)住(주)

佛(불)子(자)是(시)爲(위)菩(보)薩(살)摩(마)訶(하)薩(살)十(십)

種(종)無(무)等(등)住(주)若(약)諸(제)菩(보)薩(살)安(안)住(주)其(기)

中(중)則(즉)得(득)無(무)上(상)大(대)智(지)一(일)切(체)佛(불)法(법)

無(무)等(등)住(주)

사경의 공덕은 십만억 부처님께 공양한 것과 같은 공덕이 있습니다.

發 願 文

귀의 삼보하옵고
거룩하신 부처님께 발원하옵나이다.

주 소 : ______________________

전 화 : ____________ 불 명 : ____________ 성 명 : ____________

불기 25 ______ 년 ______ 월 ______ 일